CONVERSOS

CONVERSOS
CARTAS AL FUTURO

CARLOS BERTOGLIO

Valparaíso
EDICIONES

Número 464 de la Colección VALPARAÍSO DE POESÍA
dirigida por FEDERICO DÍAZ-GRANADOS

Diseño de portada: Chari Nogales
www.charidisonadora.com

Primera edición: febrero de 2025

© De los poemas: Carlos Bertoglio

© Valparaíso Ediciones
  C/ Fray Leopoldo, 7 bajo, 18014 Granada
  www.valparaisoediciones.es

  ISBN: 979-13-81538-13-2
  Depósito Legal: GR 87-2025

  Impreso en España - *Printed in Spain*
  Gráficas Gami

PALABRAS INICIALES

Al leer *Una Temporada en el Ruido*, el segundo libro de poemas escrito por Carlos Bertoglio, me di cuenta–de repente y sin dudar–de su enorme talento. Ya nos habíamos conocido por unos dos años como compañeros de trabajo y amigos. En aquel momento, lo conocí también como poeta.

Así que, cuando leí los poemas de *Conversos*, tenía altas expectativas –y aun así esta colección me dejó asombrada. Y así me deja cada vez que la leo, primeramente, para traducirla y ahora que se publica, para presentarla.– Desde el primer poema, *Conversos* te agarra por el corazón y por la curiosidad. Se lee como una especie de carta, un compendio de consejos de un padre a su hijo. El primer mensaje—no te pido que seas feliz—toma por sorpresa al lector y lo lleva por un camino directo hacia lo más profundo de su voz interior.

Impregnados por momentos de inocencia y en otros de ironía, estos poemas oscilan entre la alegría y la melancolía, entre lo simple y lo profundo. En el segundo poema, por ejemplo, el hablante aconseja a su hijo que juegue, y en el siguiente, que no piense demasiado en las cosas. Los versos nos recuerdan la importancia de seguir jugando como niños y de lentamente saborear la vida . En el poema X, la voz poética se interna con ternura y honestidad hacia el corazón de la adolescencia con los versos "Todo va a ir bien / Incluso el vacío". En el poema XIII, uno de los más austeros y despojados de la colección, el consejo es simplemente seguir el corazón; pero en sus frases simples se encierra la profunda realidad de que la vida y el amor son riesgos que vale la pena asumir. Siempre. En cada una de sus esquinas, en cada vuelta de página, la voz de un padre le ruega a su hijo–unos 15 años en el futuro–que no se cierre, que permanezca abierto a todas las experiencias, a todos los desamores, a todas las contradicciones que conforman esta vida. Y lo hace sin rodeos pero cuidando sus palabras, extrayendo su esencia y su perfume que como el del ajo listo para sofreír, atrae al lector con sus aromas íntimos, sus recuerdos del campo abierto de la niñez y el constante llamado a las raíces del hogar.

Hay lugar en estos poemas para el juego (y el fuego); entre fantásticos juegos de palabras nos encontramos con fragmentos de sabiduría que como las llamas nos iluminan y nos abrigan ante lo difícil de esta vida, especialmente la verdad dura que algún día, se termina. Pero el mensaje general no es uno de melancolía, sino de seguridad y esperanza; nos da permiso para caminar por el mundo con confianza y sin miedos, preguntándonos "en qué nos hemos convertido" en el transcurrir de esta vida, abrazándola, abriéndonos a todo lo que nos da y siendo capaces de amar y de amarnos a pesar de todo.

Con versos—con palabras sencillas o complejas,

pero siempre sorprendentes—Bertoglio comunica lo esencial de nuestro mundo: que está lleno de magia y rutina, de innumerables gozos y dificultades, de contradicciones y de belleza, tal como este libro.

Laura Walker
Salt Lake City, Utah, 2024

CONVERSOS

I

No voy a pedirte que seas feliz
Eso es hielo en las manos
Desaparece
Quema.
Abrí los ojos
Mirate bien adentro
Y de todos los caminos polvorientos
Saldrán flores
Y los charcos podridos
Serán dulces arroyos
Porque van a ser tuyos
De tus intrépidos pies,
tus arrojados brazos
tu limpio corazón.

II

Jugá
Mezclate con el mundo
No dejes que te traduzcan sin autorización
que la miseria se teje de renuncias,
silencios como grietas
e íntimas cobardías
Que la rutina te espera agazapada y sonriente
en cada una de tus esquinas
Vos, tranquilo
Por el carril lento
Jugá.

III

No pienses de más
La intuición abre más puertas
Demorate
Morá
Devorá los puentes que te aten al barrio
La vida es un fragmento de tiempo
Una rara melodía
Transcurrila silbando plateados silencios
Asombrate de todo
Y aguardá la cosecha.

IV

No escribas poesía
La estética no es nada sin la ética
Los artistas se compran por docena
Y los árboles mueren para que nazcan versos
Inútil gremio de perfumados primates
Luchando por aferrarse al futuro
Gritando entre comillas
Desbordan de impotencia
Amantes del beso
Olvidan la boca
Esos:
los artistas.
Por último:
Te dije
No escribas poesía
Que
Encima
Nadie
pero
nadie
la lee.

V

No malverses tus palabras.
Que acechen como tardes silenciosas
Y caigan como oscuros aguaceros.

VI

No escuchés a tu padre
Por lo menos, no tanto.
Él te quiere demasiado
pero te quiere cerca
y sin querer,
también,
un poco amaestrado.
No seas perro de nadie
Y abrazá al futuro
como al mejor de los presagios.

VII

No te duermas en un escritorio
El tiempo es un ángel sordo y asesino
y se desliza tristemente entre los días.
La vida es riesgo
Y está afuera.

VIII

No te cuelgues frustraciones ajenas
Los sueños son mucho más que eso
Y aunque a veces nos cueste creerlo
ningún certificado dictamina su deceso.

IX

El cielo es un techo
O a lo sumo
el más maravilloso de todos los sombreros.
Nunca un límite
Nunca
No te olvides.

X

Todo va a ir bien
Incluso el vacío
está poblado de fantasmas propios
de íntimos aromas,
amorosas moléculas de esta torpe existencia.
No importa cuán lejos estés
cuán perdido
la voz que te guía siempre es la misma
añejándose
hasta que sepás escucharla.

XI

El amor nunca muere.
Tampoco acepta trueques
ni cheques por cobrar.
No dejés de abrazarte a tus verdades
el corazón es una máquina antigua
una oscura y secreta caja de resistencia
terca e insobornablemente nuestra.
No te mientas:
hay que estar a su altura.

XII

El dolor es una broma que no entendemos
Y las calles no están hechas para volver
No te atés al mástil de la melancolía
Es tan solo una mala traducción de tu pasado.

XIII

Normalmente el corazón tiene pésimas ideas
Igual, hacele caso.
Siempre.

XIV

Mañana no existe
Es tan solo un presagio
o una imposición.
No pierdas tu tiempo soñando la flor
Abrazá la semilla.

XV

Llorá
Llorá cuando tengas que hacerlo
Que la vida también es valle de tristezas
Una respuesta que nunca llega a tiempo
Un tendón que se corta antes del salto
Una risa que se agota y se seca
Llorá
En el cine, en el amor, en el sexo
En la espesa ansiedad de cada funeral
Llorá por vos, por los demás, por lo que quieras
Llorá, fluí, viajá,
duele tanto la luz como la oscuridad
y solo el que no llora no se entera.

XVI

Un día te vas
(como es de esperarse)
mis manos te despiden
y tejen calladas sus renuncias:
Como ciegas lombrices
se pierden en algún bolsillo
torpes en la derrota,
tristes,
entrelazadas.
Volverás
(eso espero)
Me habré muerto un poco
Y haremos de cuenta que nada ha pasado.
"Estoy orgulloso de vos"
Le digo a la nada
Y el poema (unos 15 años antes)
sagazmente lo atrapa.
Que esta frase se aferre a tus alas
superstición adolescente
himno voraz susurrado en penumbras
en el umbral de esta madrugada.
Ah, una cosa más:
por si no quedo claro
a vos, en el futuro:
"Por favor, no te vayas".

XVII

Los monstruos existen
Nos rodean
Son la muerte,
la mutilación,
el abandono,
la orfandad,
el dolor,
la separación,
el desamor,
el olvido,
la pérdida,
el fracaso,
la agonía,
la mentira,
la injusticia,
los espejos,
las banderas.
De todos modos
No tengas miedo del miedo
Si cerrás las puertas
Nunca nada ni nadie va a poder entrar.

XVIII

Sí
No
Verdad es contradicción

Radiantes camisas
de infinitos agujeros
Leyes y trampas
Amor y aguaceros

Alguien responde a tu plegaria
Años más tarde, te escupe hacia afuera

Verdad es oscilación
Intemperie
Intermedia
Tantos dientes
Tan pocas orejas
Química orgánica,
caliente, absurda, compleja.

Decí que no cada vez que quieras
Oveja de nadie, súbdito de ningún rey
Decí que sí cada vez que puedas
La fe vale oro en tiempos de guerra.

XIX

Seguro ya te diste cuenta
Te escribo desde el pasado
De cara a nuestros abismos en cierne
Animal consciente
Tenaz, resignado.

Y escribo:
No te olvides de las tardes de luz
De la niñez como un campo abierto
Del amor-fusión entre la nada y un universo apenas
nuestro
De los gritos de estreno
y el terco atardecer cubriéndonos como una sábana.

Sin querer fuimos felices
como perros persiguiendo bicicletas
absurdos y emocionados .

Prestá atención
Todo esto al final siempre se nos escapa
pero nunca se pierde
Seguro ya te diste cuenta.

XX

Algún día esta casa será un montón de piedras
cuando el tiempo o la guerra nos hayan alejado
y el incendio de muertes nos disfrace de olvido
las paredes, la fiebre, la lengua compartida.

Mi nombre, un abismo al borde de tus labios
Primavera feroz, rumor maligno
La turba, el alud, la tristeza de sabernos perdidos.

En este mundo de piernas apiladas sobre una mesa
caminarás sin mí
y estará bien
será lo natural.

Quizás
Algún día
(Y por casualidad)
Patees una piedra
Y sea ella el último
y más ínfimo resto de nuestra casa
Entonces
Ahí sí
Tirá la llave, respirá hondo
y seguí con tu camino.

CONVERSOS

Delincuentes y nuevos
son tus sueños
Tus labios en mi pecho
Las patas para arriba
Revolución
Evolución
Unción
Celo
Patetismo
¿En qué nos hemos convertido?
¿En la plegaria de normalidad de nuestros viejos?
¿En ciegos barcos de papel en un charquito?
¿En mapas felizmente clausurados?
¿Lejanos túneles hinchados de silencio?
Nada de eso
O quizás todo sea cierto
Y estas líneas corroboren el engaño
La pila bautismal de esta traición tan luminosa.
Ya estoy del otro lado y aunque nunca nadie se cure del todo
Y las palabras sean jaulas que florecen
Tengo tu mano y con ella el futuro
No me da miedo el olvido si puedo escribir esta historia
de viajeros errantes o errados viajantes,
de soñadores de entrecasa viendo el jardín renacer
de escritores fantasmas susurrando profundo
el cuento bello y fatal de un padre y su hijo:
irredimibles, irremediables
conversos.

PALABRAS FINALES

Conozco al autor desde que yo tenía 12 años y él pesaba 1,300 kg. "No creen que pase la noche" decían las voces a espaldas de mi madre. Solamente cuando al fin pude verlo, días después, entendí los sombríos pronósticos de aquel marzo lleno de angustias, pero yo quería tener a mi hermano y mis padres a su segundo hijo, flaco, movedizo en su caja de cristal, casi invisible pero amado como nadie. Después, después fue la vida y ese ojo que se le iba de viaje por haber nacido tan chiquito volvió y se quedó donde debía estar, después fueron los primos hermanos y yo y todos y el rock y las primeras tristezas y las primeras letras, después fue un corazón roto y un viaje muy largo escapando de tantas decepciones, soñando un futuro mejor en otra tierra, entre suelos helados, millones de pájaros, furibundos tornados y montañas cubiertas de nieve tan lejanas como la Patria. Después fue el padre y en el proceso aprendió también a ser el mejor hijo, después se transformó en este escritor que escribe con sangre, que edita febril buscando el ángulo de entrada perfecto, hombre de pocas palabras que elige la expresión escrita cuando ya no puede más, cuando las palabras brotan como la lava de un volcán.

En *Conversos* el autor le escribe a su hijo recién nacido, sabe que los comienzos son complejos como inciertos los finales, no obstante, ensaya desde su impronta literaria un racimo de deliciosos poemas cuyo objetivo último, infiero, es confeccionar un mapa para ser leído en el futuro. De alguna manera todos quienes somos padres hacemos garabatos y dibujamos mapas como podemos, para que sean descifrados por nuestra descendencia claro está, sin la elocuente inspiración que motivan estos versos, todos tratamos fútilmente, pero con la mejor intención que ellos/as aprendan de nuestro dolor, de nuestro amor y deseamos fervientemente que al final "no se vayan", les deseamos lo mejor pero mientras más cerca estén, mejor.

Miles de nuestros intentos han fracasado, otros afortunadamente no. En lo personal deseo que *Conversos* emprenda su viaje y llegue a futuras, lejanas e inexploradas orillas. Mi actitud no es imparcial, como dije conozco bien al autor y sé de qué madera está hecho, por eso espero que para mis sobrinos " el cielo sea sólo el más bonito de los sombreros " y que sus padres tengan la enorme dicha de tenerlos cerca.... Siempre.

PABLO BERTOGLIO
Villa Maria, Córdoba, 2024

ÍNDICE